LA

LANGUE MUSICALE,

Opéra-Comique

EN UN ACTE,

PAROLES DE MM. GABRIEL ET ***,

MUSIQUE DE M. F. HALÉVY,

Représenté pour la première fois sur le théâtre royal de l'Opéra-Comique, le 11 Décembre 1830.

Paris,

CHEZ J.-N. BARBA, PALAIS-ROYAL,

GRANDE COUR, DERRIÈRE LE THÉATRE-FRANÇAIS,

ET CHEZ MAURICE SCHLESINGER,

MARCHAND DE MUSIQUE, RUE DE RICHELIEU, N° 97.

1831.

PERSONNAGES. ACTEURS.

Le Baron de VALHEN. . . . . M. Boulard.

ÉVELINE, sa fille. . . . . Mlle Prévost.

GUSTAVE, son neveu, capitaine dans la

   garde.. . . . . M. Ponchard.

Le Chevalier SPINGLER. . . . . M. Féréol.

OLIVIER *, maître de l'hôtel de l'Aigle-

   Noir. . . . . M. Cholét.

Mme OLIVIER, sa femme. . . . . . . Mme Boulanger.

Un Maréchal-des-logis.

Officiers de divers régimens.

Valets du Baron, Domestiques de l'hôtel.

* Le costume d'Olivier doit rappeler un peu son ancienne profession de maître de musique d'un régiment allemand. Il porte encore sa veste d'uniforme.

La Scène se passe à Berlin, sous le règne de
FRÉDÉRIC-GUILLAUME.

Le théâtre représente un joli salon de l'hôtel de l'Aigle-Noir; une porte au milieu et deux fenêtres latérales avec des balcons. La porte et les fenêtres sont garnies en dehors de tentes en coutil. Elles donnent sur des jardins et sur la grande place de Berlin.

LA
LANGUE MUSICALE,
OPÉRA-COMIQUE EN UN ACTE.

SCÈNE PREMIÈRE.

GUSTAVE , Mme OLIVIER. Ensuite plusieurs valets de l'hôtel.

(Gustave est assis sur le devant de la scène. Mme Olivier est occupée à le panser elle lui ôte une cravate noire qui lui enveloppait le bras.)

INTRODUCTION.

LES VOYAGEURS (*dans leurs chambres.*)

Allons, allons, je me lasse d'attendre.

Mme OLIVIER (*aux domestiques qui entrent.*)

Allons, allons , faites votre devoir :
Songez surtout à ne pas faire attendre
Les étrangers qui veulent bien descendre
   A l'auberge de l'Aigle-Noir.

LES DOMESTIQUES.

Ah! quel métier! courir, monter, descendre!
C'est un enfer du matin jusqu'au soir!
Les voyageurs ne veulent pas attendre :
Et l'on ne sait vraiment auquel entendre
   A l'auberge de l'Aigle-Noir.

(*Les domestiques sortent.*)

GUSTAVE (*à Mme Olivier.*)

Combien j'aurai de grâces à vous rendre,
Aimable hôtesse! Ah! si l'on pouvait voir

(4)

Les soins touchans qu'ici vous daignez prendre,
Pas un blessé qui ne veuille descendre
A l'auberge de l'Aigle-Noir.

Mme OLIVIER (*à Gustave.*)

Si vous ne restez pas en place
Vous augmenterez vos douleurs.

GUSTAVE (*qui cherche à l'embrasser.*)

Oui, mais si je ne vous embrasse,
Je vais mourir de vos rigueurs.

Mme OLIVIER.

Eh, quoi ! de votre étourderie
Rien ne peut donc vous corriger.

GUSTAVE (*lui prenant la main.*)

On n'a pas la main plus jolie !

Mme OLIVIER (*s'éloignant de lui.*)

On n'a pas l'esprit plus léger !

LES VOYAGEURS (*dans leur chambre.*)

Allons, allons, je me lasse d'attendre.

Mme OLIVIER (*aux domestiques qui rentrent*)

Allons, allons, faites votre devoir :
Songez, etc.

GUSTAVE (*à Mme Olivier.*)

Combien j'aurai de grâces à vous rendre, etc., etc.

LES DOMESTIQUES.

Ah ! quel métier ! courir, monter, descendre !
C'est un enfer, etc.

GUSTAVE.

Je le vois, Madame Olivier, vous croyez encore qu'un
duel !.... C'est tout simple.... Je viens de passer dix-huit
mois en France, où, malgré toute ma sagesse, il a bien fallu
rendre raison aux amans de quelques belles qui s'avisaient
d'être jaloux... Les maris, au contraire, m'ont comblé de
prévenances, de politesses.... Mais vous vous trompez....

Malgré la réputation de mauvaise tête qu'on m'a faite, et
que je ne mérite pas, ce n'est point en combat singulier
que j'ai reçu hier soir cette légère blessure...... Mais le
plus grand silence, Madame Olivier, soyez muette sur tout
ceci.

Mme OLIVIER.

Quelle indiscrétion pouvez-vous craindre? vous ne m'avez
rien dit.

GUSTAVE.

L'essentiel est que le baron de Valben ne se doute point...
Car jamais il ne voudrait croire... Ne s'avise-t-il pas aussi
ce cher oncle de me prendre pour un étourdi, un libertin....
Moi qui n'ai jamais aimé, qui n'aimerai jamais que ma jolie
cousine ! Voilà pourtant de ces injustices qu'on ne peut pas
supporter !... Je suis véritablement à Berlin comme le jeune
duc de Fronsac, à Versailles, une victime de la calomnie.

Mme OLIVIER.

Comment, depuis votre retour, vous n'avez pas fait la
paix avec M. le baron.

GUSTAVE.

Au contraire, il ne fut jamais plus irrité contre moi... On
lui aura fait encore de faux rapports....Depuis quinze jours que
je suis en Prusse, je me suis présenté trois fois au vieux château qu'il habite à vingt-cinq lieues de cette ville..... Trois
fois il m'a fermé sa porte. Depuis quinze jours, Madame Olivier, il ne m'a pas été possible d'adresser un mot, une lettre,
à ma chère Éveline..... Elle ignore même que j'ai quitté la
France.

Mme OLIVIER.

Pauvre demoiselle! Qu'elle doit être triste! Car elle a la
faiblesse de vous aimer.... Ces mauvais sujets! les femmes
les aiment toujours !

GUSTAVE (vivement.)

Elle m'aime, dites-vous? Ah! si j'en étais sûr!...

Mme OLIVIER.

Vous êtes modeste, et vous revenez de Paris? Oui, sans doute, elle vous aime... J'ai vu cela tout de suite à quelques mots, à quelques soupirs, qui lui sont échappés la dernière fois qu'elle est venue à Berlin avec M. le baron, qui me fait toujours, comme vous le savez, l'honneur de descendre dans mon hôtel, à la vérité, le plus beau, je pourrai même dire le seul que l'on trouve dans la capitale des états de Sa Majesté Frédéric-Guillaume.

GUSTAVE.

Frédéric-Guillaume s'occupe fort peu d'embellir ses villes. Il n'aime pas plus le luxe qu'il n'aime les savans et les gens de lettres; lui-même, donne l'exemple de la simplicité..... Je crois qu'il entasse plus d'or que Louis XV n'en dépense : son héritier sera riche.

Mme OLIVIER.

Ah! j'entends mon mari !

SCÈNE II.

LES MÊMES, OLIVIER (*une lettre à la main, il entre en chantant :*)

COUPLETS.

Rantanplan, rantanplan   (*bis*)
C'est le métier des armes
Qui seul m'offre des charmes.
Au premier roulement
Vous accourez gaicment.
La gloire vous rallie,
  Rantanplan,   (*bis*)
Et pour le sentiment....   (4 fois)
Ah! comme elle est jolie
  La vie   (*bis*)

Qu'on mène au régiment
Au régiment
Rantanplan (*bis.*)

Rantanplan, rantanplan, (*bis.*)
Quoi de plus doux à faire
Que l'amour et la guerre.
Allons, marche en avant,
Verse à boire souvent;
Cantinière ma mie,
Rantanplan, (*bis.*)
Et pour le sentiment..... (*bis*)
Ah! comme elle est jolie
La vie (*bis*)
Qu'on mène au régiment,
Au régiment,
Rantanplan (*bis.*)

Mme OLIVIER.

Toujours gai, toujours chantant !

OLIVIER.

Je n'ai pas, grâce au ciel, de sujet de tristesse. Ah! ça, qu'on prépare l'appartement du premier, que les fenêtres soient ouvertes, les meubles époustés.... De l'activité, du zèle... En un mot, veillez un peu, Madame Olivier, sur ces préparatifs.... Je vous en prie, le coup-d'œil du maître, ou de la maîtresse, c'est la même chose.

Mme OLIVIER.

Oui, mon ami, j'y vais.   (*Elle sort par la gauche.*)

SCÈNE III.

GUSTAVE, OLIVIER.

OLIVIER.

Voici qui vous intéresse, mon capitaine. (*Il lui montre la lettre.*)

GUSTAVE.

Comment cela ?

OLIVIER.

M. votre oncle, le baron de Valhen, m'informe, qu'appelé aujourd'hui même à la cour, il arrivera ce matin chez moi, et qu'il y fera même un séjour assez long.

GUSTAVE (*vivement.*)

Mon oncle ! ah, mon Dieu ! Sil me voit, il est homme à remonter sur le champ dans sa voiture !

OLIVIER.

Arrangez-vous alors pour qu'il ne vous voie pas, mon capitaine, car M. le baron fait ici grande dépense.... Il paie toujours comptant. Je ne veux pas dire que vous ne dépensiez pas beaucoup aussi.. , mais il y a cette petite différence.....

GUSTAVE.

De quoi te plains-tu ; c'est le présent et l'avenir. Et tu ne sais pas si ma cousine l'accompagne ? Mais il n'y a point de doute, il n'est pas homme à l'avoir laissée seule à Valhen. Arrange-toi comme tu voudras, je ne quitte pas la place. Que mon oncle me ferme la porte de son château, c'est tout simple, c'est-à-dire, c'est une indignité ; mais enfin, il est chez lui. Eh bien ! à mon tour, je suis ici chez moi, c'est le baron qui me rend visite, et je sais trop bien vivre pour ne pas le recevoir.

OLIVIER.

Vous plaisantez toujours , M. Gustave ?

GUSTAVE.

Moi plaisanter ! quand je suis au désespoir, quand je ne peux pas même me justifier des accusations les plus fausses ! Car Éveline, je le sais, a reçu de son père l'ordre formel de me bannir de sa présence, de ne point m'écouter, de ne pas même lire une lettre de moi.... C'est la plus horrible tyrannie... On ne verrait jamais pareille chose en France ! Mais on est si arriéré en Allemagne ! On veut me porter, je le vois, à quelque extrémité fâcheuse ! Me faire faire quelque coup de tête !.. Eh bien ! décidément, où me loges-tu ?

OLIVIER.

Dans le petit pavillon isolé qui donne sur le jardin ; mais promettez-moi de n'en point sortir jusqu'à ce que votre oncle.....

GUSTAVE.

De mieux en mieux.... tu veux me mettre en prison ?

OLIVIER.

Non , mon capitaine ; c'est un camp retranché d'où vous pouvez observer toutes les manœuvres de l'ennemi.

GUSTAVE.

Mais comment, de si loin , établirais-je des intelligences avec Éveline ?

OLIVIER.

Comment ? je n'en sais rien , mais l'amour est inventif. Moi qui vous parle, n'ai-je pas été comme vous contrarié dans mon tendre penchant pour Christine, aujourd'hui Mme Olivier ? Avant de tenir cet hôtel, j'avais, vous le savez, l'honneur d'être musicien dans un régiment d'infanterie. Musicien ! ce titre là sonne mal aux oreilles des pères qui veulent établir leurs filles. Celui de Christine aimait mieux l'argent que la musique, et j'avais pour rival le plus sot, le plus fripon, c'est vous dire, le plus riche des tailleurs de Berlin ; impossible de voir ma belle, quoiqu'elle demeurât précisément en face de la caserne ! Plus impossible encore de lui écrire.

GUSTAVE.

Comment ?

OLIVIER.

Oui, un obstacle insurmontable. Je n'avais appris que mes

notes. Eh bien, Monsieur, pendant six mois, nous avons entretenu la plus douce correspondance.

GUSTAVE.

Et de quelle manière?

OLIVIER.

Avec la Langue musicale, art ingénieux, science admirable où l'accord des sons remplace la parole, où l'on dit avec une gamme, avec un trille, ce que trente mots pourraient à peine exprimer. Christine est très-bonne musicienne, elle touche parfaitement du clavecin, mon régiment passait chaque jour dessous ses fenêtres, quelquefois il m'arrivait de lui demander un rendez-vous en *mi*-grand dièze; elle me répondait en *la* bémol-mineur, que ça ne se pouvait pas.

GUSTAVE.

Je ne te comprends pas encore.

OLIVIER.

Vous êtes aussi bon musicien que moi; écoutez :

TRIO.

De la divine mélodie
Connaissez donc tout le pouvoir!

GUSTAVE.

De la divine mélodie
Qui peut contester le pouvoir!

OLIVIER.

Si de chagrin l'âme est flétrie,
Sombres accords, lente harmonie
Vont demander à votre amie
Un peu d'amour, un peu d'espoir.

GUSTAVE.

Si de chagrin l'âme est flétrie,
Sombres accords, lente harmonie
Vont demander à votre amie
Un peu d'amour, un peu d'espoir.

OLIVIER.

Le clavier que sa main caresse
Répond à vos vœux.... Douce ivresse!
On partage votre tendresse,
Un allégro vous rend l'espoir.

GUSTAVE.

Le clavier, etc.

OLIVIER.

Du cœur, interprète fidèle,
La musique était le moyen
De parler d'amour à ma belle,
Et ma belle m'entendait bien.

GUSTAVE.

Du cœur, interprète fidèle,
La mélodie est le moyen
De parler d'amour à sa belle,
Et la belle vous comprend bien.

ENSEMBLE.

On rapproche ainsi l'intervalle
Qui nous sépare du bonheur.
Oui, de la langue musicale,
C'est l'amour qui fut l'inventeur.

GUSTAVE.

C'est charmant, le joli langage!
On peut ainsi tromper les surveillans.
(*Ici on entend madame Olivier fredonnant en dehors.*)

OLIVIER.

Mais Christine vient, je l'entends.
Vous allez, dans quelques instans,
Juger si nous savons, malgré le mariage,
Parler encor la langue des amans!

SCÈNE IV.

LES MÊMES, Mad. OLIVIER (*sortant de l'appartement.*)

OLIVIER (*à part.*)
Elle est ma foi toujours jolie!

Mme OLIVIER (*à son mari.*)

Mon ami, tout est prêt.

OLIVIER.

Fort bien.....
Mais dans un lyrique entretien,
Répétons un peu, chère amie,
Ce qu'aux beaux jours de notre vie
Nous disions tous les deux si bien.

Mme OLIVIER (*gaîment.*)

Y penses-tu? Quelle folie!
A peine si je m'en souviens!

GUSTAVE (*à Mme Olivier.*)

Faut-il qu'aussi je vous en prie?

OLIVIER (*à sa femme.*)

Ne conçois-tu pas mes projets?
C'est un élève que je fais.

Mme OLIVIER.

Écoutez donc. (*Elle vocalise.*)

GUSTAVE.

Que ses accens sont doux!

OLIVIER (*à Gustave.*)

Je vais lui servir d'interprète.
Je suis, dit-elle, un peu jaloux
(*Parlé.*) A mon tour! (*Il vocalise.*)

Mme OLIVIER (*à Gustave.*)

Il répond que je suis coquette,
Qu'il est le meilleur des époux!
(*Parlé.*) Je vais lui répondre. (*Elle vocalise.*)

OLIVIER.

(*Parlé.*) Ah! c'est trop fort, Mme Olivier.

(*à Gustave.*)

Jugez-en vous-même :

Lui plaire était ma seule étude,
Mais maintenant elle prétend

Qu'un bonheur de longue habitude
A réfroidi ce cœur constant.
(*Parlé.*) Voici comment je repousse cet injuste reproche.
(*Il vocalise.*)

Mme OLIVIER *à* (*Gustave.*)

Vous l'entendez , il jure encore
Que malgré ce calme apparent
Dans le fond du cœur il m'adore,
Pour un mari, c'est très-galant !

TOUS TROIS.

On rapproche ainsi l'intervalle
Qui nous sépare du bonheur.
Oui, de la langue musicale,
C'est l'amour qui fut l'inventeur.

SCÈNE V.

LES MÊMES , **UN DOMESTIQUE** *entrant par le fond.*

LE DOMESTIQUE (*annonçant*).

Monsieur le baron de Valhen.

GUSTAVE (*au domestique.*)

Et ma cousine ?

MAD. OLIVIER (*après avoir regardé par la fenêtre.*)

Rassurez-vous, elle accompagne son père , la voilà qui descend de voiture.

OLIVIER.

Allons , mon capitaine, battez en retraite pour la première fois de votre vie.

GUSTAVE.

Ah ! maintenant, tant que tu voudras ; ce n'est plus qu'une ruse de guerre... Suis-moi, mon cher Olivier, tu sauras mes projets !

OLIVIER.

Et je les seconderai de tout mon cœur. Gagner l'argent de

l'oncle et la confiance du neveu , c'est faire marcher de front
le profit et l'honneur. Quant à Mme Olivier.....

Mme OLIVIER.

Partez vite, je les entends.

(*Gustave et Olivier sortent.*)

SCÈNE VI.

LE BARON DE VALHEN , ÉVELINE, Mme OLIVIER.

LE BARON (*aux domestiques qui portent des paquets , une
harpe et d'autres instrumens.*)

Portez avec précaution ces instrumens de musique. Qu'on
les place dans ce salon, et ces cartons, dans la chambre de
ma fille.   (*On exécute ses ordres.*)

Mme OLIVIER.

Votre servante, Monsieur le Baron. Mademoiselle je vous
présente mes respects. Vous avez fait un bon voyage ?

LE BARON.

Meilleur du moins qu'on ne pouvait l'espérer par des che-
mins épouvantables. On voit bien que Sa Majesté ne se sou-
cie guère d'attirer les étrangers dans ses états. Ses régimens,
grâce au ciel , sont mieux tenus que ses routes.

ÉVELINE.

Aussi M. de Voltaire dit-il gaîment qu'en Prusse.....

LE BARON.

M. de Voltaire est un mauvais plaisant qui gâte l'esprit
de notre jeune prince royal. C'est à la dangereuse école de
tous ces philosophes que se forment les étourdis qui, comme
votre cousin, tirent vanité d'avoir beaucoup de dettes, de sou-
tenir beaucoup de duels, et de désoler à la fois leurs créanciers

et leurs familles. Mais laissons ce chapitre qui me donne de l'humeur. (*A Mme Olivier.*) Notre appartement est celui que j'ai coutume d'occuper ?

Mme OLIVIER.

Oui, Monsieur le Baron.

LE BARON.

C'est fort bien. Frédéric-Guillaume a daigné se rappeler mes anciens services et mon inaltérable dévouement à sa personne. Je me croyais oublié dans le château de mes ancêtres, quand j'ai reçu de sa part la clef de chambellan ; pénétré de reconnaissance, j'accours le remercier ; c'est ce matin même que j'aurai l'honneur de paraître à la cour.

ÉVELINE (*à Mme Olivier.*)

Voulez-vous bien, Madame Olivier, faire prévenir ma femme de chambre ?

Mme OLIVIER.

J'y cours , Mademoiselle. (*Elle sort.*)

SCÈNE VII.

LE BARON, ÉVELINE.

LE BARON.

Je ne sais , Eveline ; mais tu parais voir avec bien de l'indifférence la haute faveur que je reçois aujourd'hui. Cette noble récompense.....

ÉVELINE.

Ne l'aviez-vous pas méritée mille fois ? Sa Majesté ne fait que vous rendre justice.

LE BARON.

La justice à la cour n'est pas chose si commune....

ÉVELINE (*vivement.*)

Ah! sans doute, et mon cousin en est bien la preuve. Il devrait depuis long-temps être colonel, pour le moins.

LE BARON.

Qu'il s'estime trop heureux d'être encore capitaine. Les grades ne s'acquièrent point par une bravoure insensée. Le Roi ne doit rien à ceux qui n'exposent leur vie que pour venger leurs propres injures; mais, encore une fois, cessons de parler de ce mauvais sujet, qui soutient si mal un nom qu'avait illustré son père. S'il est à Berlin, comme j'ai lieu de le craindre, il cherchera sans doute à te voir, à t'écrire, au moins. Mais s'il brave mes ordres, ce n'est pas toi qui les enfreindras, j'espère. Tu me le promets encore, Eveline, tu ne recevras point ses lettres, tu ne le verras pas... Il ne t'échapperas pas un seul mot...

ÉVELINE.

N'est-il pas assez malheureux d'avoir excité votre colère? Vous voulez encore?....

LE BARON.

Je veux complètement détruire l'espoir qu'il avait conçu, que j'avais eu la faiblesse d'encourager, et que ma nouvelle position, quand ce ne seraient pas ses folies, ne me permettrait plus de réaliser.

ÉVELINE.

ROMANCE.

J'entendis, dès mon plus jeune âge,
Vanter son esprit, son courage....
Vous-même l'avez admiré.
Et quelquefois d'un air affable
Vous répétiez qu'il est aimable !....

(*Le baron fait un mouvement d'humeur.*)

Je l'oublierai....

Quand vous excusiez sa jeunesse
D'un doux espoir je le confesse,
Oui, mon cœur s'était enivré.
Car votre bonté généreuse
M'avait dit : Tu seras heureuse !
(Même mouvement du baron.)
Je l'oublierai....

SCÈNE VIII.

LES MÊMES, Mme OLIVIER.

Mme OLIVIER (*au Baron.*)

Monsieur le chevalier Spingler demande à parler à M. le
Baron.

LE BARON.

Le chevalier ! qu'il soit le bien venu.
(*A sa fille.*)

C'est un homme que le monarque honore d'une amitié
toute particulière. Politique profond, diplomate habile, il a
souvent l'honneur de jouer aux échecs avec Sa Majesté, qui,
lorsqu'elle perd la partie, lui jette gaîment l'échiquier à la
tête. On ne sait pas jusqu'où peut aller un jour sa faveur.

ÉVELINE.

Permettez—moi de quitter ces vêtemens de voyage.

LE BARON (*à part.*)

A merveille ! Sa coquetterie, sans le savoir, entre dans mes
projets. (*Haut*). Ne tarde pas à revenir, j'ai hâte de te présenter à cet excellent gentilhomme.

Mme OLIVIER.

Si Mademoiselle veut le permettre, je lui servirai de femme
de chambre. (*Plus bas*). J'ai bien des choses à vous dire de
votre jeune cousin.

ÉVELINE.

J'accepte avec plaisir vos services, Madame Olivier. (*A part.*)
On m'a défendu de le voir, de lire ses lettres, mais non pas
de parler de lui. (*Elle sort avec M*^me *Olivier par la porte
à gauche.*)

SCÈNE IX.

LE BARON, LE CHEVALIER SPINGLER, *il a une
mise originale. Il arrive lentement.*

LÉ BARON.

Qu'il me tardait de vous voir, Chevalier ; et combien je re-
grette de m'être laissé prévenir.

LE CHEVALIER.

Des fenêtres du palais j'ai vu votre berline entrer dans la
cour de cet hôtel ; vous savez combien je suis vif. Dans l'empressement de présenter mes hommages à votre aimable fille,
je n'ai pas mis, j'oserais le parier, un quart d'heure à fran-
chir les cinquante pas qui séparent cette maison de la de-
meure royale.

LE BARON.

Eh bien, mon cher, me voilà chambellan.

LE CHEVALIER.

C'est un beau titre ! et vous y aviez des droits.

LE BARON.

Que votre amitié n'a pas manqué de faire valoir, j'en suis
sûr. Mais recevez aussi mes félicitations : cette croix qui
brille sur votre poitrine....

LE CHEVALIER.

Oui, notre gracieux maître a bien voulu se souvenir qu'un
de mes aïeux eut un cheval tué sous lui devant Stralsund...

LE BARON.

Quel courage !

LE CHEVALIER.

Que mon père avait été blessé très-grièvement à Stein-
bach....

LE BARON.

Quel dévouement !

LE CHEVALIER.

Et que deux de mes oncles furent tués en Silésie....

LE BARON.

Quel héroïsme !

LE CHEVALIER, *souriant.*

Ce sont des états de services qui en valent bien d'autres.
Ils prouvent assez, j'espère, l'antiquité de ma famille.

LE BARON.

Je connais sa noblesse, et rien ne pouvait me flatter davantage qu'une alliance avec votre maison. Je veux dès aujourd'hui pressentir sur cette union le prince royal qui m'a
lui-même envoyé mon brevet de chambellan.

LE CHEVALIER.

Le prince royal pendant quelques jours ne sera visible
pour personne.

LE BARON.

Aurait-il eu le malheur d'encourir encore la disgrâce de
son illustre père ?

LE CHEVALIER.

Vous ne savez donc pas l'événement qui occupe toute la
cour ? Hier soir, en parcourant, incognito, les rues de cette
ville, le prince fut attaqué par quatre scélérats. En voulaient-ils à sa vie, n'en voulaient-ils qu'à sa bourse ? C'est
ce qu'on n'a pas éclairci. Vous pensez bien qu'il se défendit
avec vaillance ; mais sans le secours inattendu d'un étranger

qui survint, l'héritier présomptif du trône de Prusse tombait peut-être sous les coups de lâches assassins.

LE BARON.

Grand Dieu!

LE CHEVALIER.

Sa blessure est heureusement fort légère. Une enquête est commencée. Trois hommes de fort mauvaises mines, dit-on, sont déjà entre les mains de la justice.

LE BARON.

Et quel est le brave défenseur de Charles-Frédéric?

LE CHEVALIER.

On l'ignore. Après avoir mis les brigands en fuite, il s'est dérobé à la reconnaissance du prince dont il avait protégé les jours.

LE BARON.

Quand il pouvait prétendre à la plus belle récompense!

LE CHEVALIER.

Vous verrez que ce sera quelque homme du peuple? Ces gens-là sont d'un désintéressement qui révolte. — Mais ne verrais-je pas la charmante Eveline?

LE BARON.

Elle se pare, chevalier, pour recevoir votre visite, quoique je ne lui ai pas dit, comme nous en sommes convenus dans notre correspondance, que vous nous faisiez l'honneur d'aspirer à sa main.

LE CHEVALIER.

Et vous avez bien fait. Je veux, baron, en causant avec elle, deviner ses désirs, reconnaître ses goûts, interroger son cœur. En amour même, vous voyez, il faut de la diplomatie.

DUO.

Laissez-moi faire,
Je saurai plaire,

Mais au mystère
Ayons recours.

LE BARON.

Laissons-le faire ,
Il saura plaire ,
Mais au mystère
Ayons recours ,

ENSEMBLE.

Même esprit , même espérance
Rapprochent nos intérêts ,
Oui , pour faire une alliance ,
A coup-sûr nous étions faits.

LE CHEVALIER.

Laissez-moi faire ,

LE BARON.

Laissons-le faire ,

LE CHEVALIER.

Laissez-moi faire ,
Je plairai
Vous verrez comme j'agirai ,
Je plairai (4 *fois*.)

Beauté craintive ,
On te captive ;
En quelques jours
L'amant trop tendre
Qui, loin d'attendre ,
Ne sait pas prendre
D'heureux détours ,
Souvent irrite
Et met en fuite
Tous les amours.

ENSEMBLE.

Même esprit , même espérance
Rapprochent, etc....

LE CHEVALIER.

Laissez-moi faire (3 *fois*)

LE BARON.

Mais dites-moi...

LE CHEVALIER.

Laissez-moi faire,

LE BARON.

Mais il faudrait...

LE CHEVALIER.

Laissez-moi faire,

LE BARON.

Si nous allions...

LE CHEVALIER.

Laissez-moi faire,
Mon cher baron , laissez-moi faire. (*bis.*)

LE BARON.

D'un sort prospère,
Pour moi, j'espère,
C'est le retour.
Fier d'un tel gendre,
Je puis m'attendre
A voir un jour
Ma race illustre
D'un nouveau lustre
Briller en cour.

ENSEMBLE.

Même esprit, même espérance
Rapproche nos intérêts;
Pour former une alliance
A coup-sûr nous étions faits.

SCÈNE X.

LES MÊMES, EVELINE, Mme OLIVIER.

EVELINE (*à Mme Olivier*).

Je ne reviens pas de ma surprise , quel ingénieux langage

et quel plaisir de s'entendre si bien, sans prononcer un seul mot!

Mme OLIVIER.

Oui, mademoiselle, et vous connaissez maintenant, comme moi, la langue musicale.

LE BARON (*au chevalier*).

Voici ma fille. Eveline, je vous présente le meilleur de mes amis, M. le chevalier Spingler; je vous ai bien souvent parlé de son mérite.

LE CHEVALIER (*souriant*).

Vous n'oubliez pas les absens, baron. (*A Eveline.*) Je m'estimerais trop heureux, mademoiselle, si vous me jugiez avec la même indulgence que le noble auteur de vos jours.

EVELINE.

Je ne puis qu'estimer infiniment, monsieur, les personnes qu'estime mon père.

LE BARON, *au chevalier*.

Vous l'entendez; tous mes désirs sont des ordres pour elle.

LE CHEVALIER (*au baron*).

N'ordonnez rien, mon ami; je veux tout devoir à l'amour.

EVELINE (*à part*).

Il est bien ridicule!

LE CHEVALIER (*au baron*).

Elle a beaucoup d'esprit!

(*On entend les premières mesures d'une aubade militaire.*)

LE BARON.

Mais quelle est cette musique?

Mme OLIVIER (*après avoir regardé à la fenêtre à droite*).

M. le baron, c'est celle d'un régiment de la garde.

LE CHEVALIER.

Ils auront appris votre nomination et ils viennent vous donner une aubade : c'est l'usage.

EVELINE (*s'approchant du balcon*).

Quels jolis uniformes !

Mme OLIVIER (*à Eveline*).

Mais, je ne me trompe pas, c'est l'ancien régiment de mon mari ! Le voilà justement qui se place à côté du chef. Votre cousin se cache derrière lui.

EVELINE (*vivement*).

Mon cousin !

LE BARON (*à sa fille*).

C'est une agréable surprise, n'est-il pas vrai, Eveline ?

EVELINE (*un peu troublée*).

Très-agréable, mon père.

LE CHEVALIER (*au baron*).

Elle est bien émue ! Il paraît qu'elle aime la musique ? Mais ne charme-t-elle pas tous les cœurs tendres ! C'est aussi une de mes passions.

Mme OLIVIER (*à Eveline*).

Mademoiselle, Olivier vient de me faire un signe que je crois comprendre. Cette marche m'est connue ; c'est pour moi qu'elle a été faite. Toutes ces phrases musicales ont un sens que je vais vous expliquer. Écoutez-moi bien, c'est votre cousin qui vous parle par ma bouche.

(*Musique militaire en dehors.*)

QUATUOR.

LE BARON.

Que la musique militaire
Agit puissamment sur le cœur !
Je crois encor être à la guerre,
Je retrouve ma jeune ardeur.

LE CHEVALIER.

Que la musique militaire
Agit puissamment sur le cœur!
Si jamais j'avais fait la guerre
Elle aurait doublé mon ardeur.

Mme OLIVIER (à Éveline).

Que la musique militaire
Agit doucement sur le cœur!
Mais dans cette petite guerre
L'amour doit être le vainqueur.

ÉVELINE.

Que la musique militaire
Agit doucement sur le cœur !
Ah! dans cette petite guerre
Puisse l'amour être vainqueur.

Mme OLIVIER (traduisant pour Eveline des paroles que la musique exprime, en parodiant les manières d'un amant qui fait une déclaration à sa maîtresse).

O vous dont la grâce m'enchante,
Ma cousine c'est un époux
Qu'en ce moment on vous présente,
Mais, grands dieux! l'accepterez-vous ?

EVELINE (troublée).

Ciel !

Mme OLIVIER (continuant).

Vous n'aurez pas le courage
De trahir le plus tendre amant
Pour un si bouffon personnage.

EVELINE (à Mme Olivier).

Parlez plus bas...

LE CHEVALIER (qui a toujours écouté la musique, quittant le balcon).

Ah! c'est charmant!

ENSEMBLE.

Le baron, le chevalier, Eveline et Mme Olivier.

Que la musique militaire
Agit puissamment sur le cœur, etc.

LE CHEVALIER (*à Eveline*).

De gloire qu'un autre s'enflamme,
Moins belliqueux, j'éprouve ici
Que ces deux accords vont à l'âme.

ÉVELINE (*au chevalier*).

A l'âme ? je l'éprouve aussi.

Mme OLIVIER.

Je l'éprouve aussi.

LE BARON.

Je l'éprouve aussi,

LE CHEVALIER (*d'un air comique*).

Je l'éprouve aussi !

Mme OLIVIER (*à Eveline*).

Eh , mais! je n'entends plus rien ,
Ils vont partir, écoutons-bien...
Vous avez bien compris, j'espère,
N'est-ce pas un doux entretien.

ENSEMBLE.

Que la musique militaire
Agit puissamment sur le cœur, etc.

LE CHEVALIER.

Ces musiciens allemands sont les premiers hommes du monde ; ils m'ont fait un plaisir! Aussi, je prétends bien qu'ils boivent à ma santé. (*Il va pour puiser dans sa bourse; le baron le retient.*)

LE BARON (*à Mme Olivier*).

Mme Olivier, faites leur donner de ma part un panier de vin du Rhin.

Mme OLIVIER, *en sortant.*

Vos ordres vont être exécutés.

SCÈNE XI.

LE BARON, LE CHEVALIER, EVELINE, OLIVIER.

OLIVIER.

M. le baron, votre voiture est prête.

LE BARON (*tenant sa montre.*)

En effet, voici l'heure où je dois me rendre au palais.

LE CHEVALIER.

Quant à moi, baron, je puis quitter ces lieux ; mais mon cœur restera toujours ici. (*Il regarde amoureusement Eve-line.*)

EVELINE (*à part*).

Ah ! mon Dieu ! mon cousin ne s'était pas trompé.

OLIVIER (*bas à Eveline*).

Eh bien ! mademoiselle, nous avez-vous compris ?

EVELINE (*de même*).

Que trop, M. Olivier ; je suis au désespoir.

LE BARON, *au chevalier.*

Non, chevalier, demeurez auprès de ma fille. C'est une nouvelle preuve d'estime et de confiance que je veux vous donner. (*A sa fille.*) Eveline, je te quitte pour quelques instans, mais M. de Spingler te tiendra compagnie. C'est un autre moi-même que je laisse auprès de toi.

EVELINE (*à part*).

Ah ! que je le déteste.

LE CHEVALIER (*au baron*).

L'inappréciable faveur ! (*A part.*) Profitons-en avec mon adresse ordinaire.   (*Le baron sort.*)

SCÈNE XII.

LE CHEVALIER, EVELINE, OLIVIER.

OLIVIER (*bas à Eveline.*)

M. Gustave a, je crois, perdu la tête ; il veut vous v..
il veut provoquer son rival : j'ai eu toutes les peines du
monde à le retenir.

EVELINE.

Ah ! qu'il se garde bien de faire quelque folie.

OLIVIER.

Rassurez-vous, je le tiens sous clef, dans le petit pavillon.
(*Lui montrant la clef.*) Voici qui nous répond de sa sagesse.

(*Il sort.*)

SCÈNE XIII.

LE CHEVALIER, EVELINE.

LE CHEVALIER.

Que M. votre père est bon, mademoiselle, et qu'il a bien
comblé mes vœux en me permettant de présenter plus long-
temps mes hommages à une personne ornée, comme vous
l'êtes, de tant de beauté, de talens et de vertus !

EVELINE.

Je ne mérite pas, monsieur, de pareils éloges, et les vertus
sont faciles à qui n'a jamais eu dans sa famille que d'excel-
lentes leçons et de meilleurs exemples.

LE CHEVALIER (*à part*).

Elle s'exprime avec une grâce qui me fermerait la bouche

si j'avais moins d'esprit. *(Haut)*. Quel malheur, si le vieux château de Vahlen avait caché toujours un pareil trésor à la noblesse de Berlin !

EVELINE.

Que ne suis-je encore dans le tranquille séjour où s'écoula ma jeunesse !

LE CHEVALIER.

Vous ne le regretterez plus lorsque, fier de vous posséder, votre époux voudra que la cour et la ville soient témoins de son bonheur.

EVELINE.

Que dites-vous, monsieur ? *(En soupirant)*. Ah ! je ne veux jamais quitter mon père !

LE CHEVALIER *(à part)*.

Son cœur n'a pas encore parlé. Heureux Spingler, il ne battra que pour toi ! *(Haut)*. Cette tendresse filiale vous honore, mademoiselle ; mais, si M. le baron, qui ne veut que votre bonheur, daignait en confier le soin à l'homme qui, j'ose le dire, apprécie le mieux vos qualités adorables....

EVELINE.

Mon père, je le crois du moins, monsieur, ne précipiterait rien ; il me permettrait peut-être de juger moi-même....

LE CHEVALIER *(à part)*.

C'est une leçon indirecte, elle m'a compris.... n'en disons pas davantage. Modérons ma vivacité naturelle.

SCÈNE XIV.

LES MÊMES, Mme OLIVIER, *accourant*.

Mme OLIVIER *(bas à Eveline)*.

Ah ! mon Dieu ! mademoiselle, votre cousin s'est échappé

par la fenêtre du pavillon ; il accourt ici, il n'y a pas moyen de l'arrêter.

EVELINE.

Quelle imprudence !

Mme OLIVIER (*de même*).

L'incertitude le tue ; il faut absolument qu'il sache si vous l'aimez encore.

EVELINE.

Que faire ?

Mme OLIVIER.

Lui répondre comme il vous a parlé, sans cela je crains quelque malheur.

EVELINE (*troublée*).

Mais je ne sais pas, Mme Olivier....

Mme OLIVIER.

Eh bien ! je vous guiderai.

LE CHEVALIER (*qui pendant ce dialogue à voix basse, a exa-miné les instrumens de musique*).

Il ne faut pas demander si cette harpe vous appartient ? n e sied aux grâces comme une lyre ?

Mme OLIVIER.

Que la comparaison est galante !

EVELINE (*au chevalier*).

N'êtes-vous pas aussi musicien, monsieur ?

LE CHEVALIER.

La flûte et le violon sont mes instrumens favoris. J'ai quelquefois eu l'honneur d'exécuter des duos avec notre jeune prince royal.

Mme OLIVIER (*à Eveline*).

Ah ! mademoiselle, l'excellente occasion ! chargeons-le de notre correspondance. Que ce soit lui qui apprenne à son rival vos véritables sentimens.

EVELINE, *à Mme Olivier.*

Quoi ! vous voulez ?...

Mme OLIVIER.

Rien de plus innocent. Ce n'est pas désobéir à votre père. J'ai justement là ce qu'il faut.

LE CHEVALIER (*à Eveline*).

Si je pouvais penser que mes faibles talens....

EVELINE.

Je le veux bien, monsieur; faisons un peu de musique.

LE CHEVALIER (*à part*).

Elle accepte ! Ah ! chevalier, cet ingénieux détour n'est-il pas un doux aveu !

SCÈNE XV.

LES MÊMES, GUSTAVE, OLIVIER.

GUSTAVE (*au fond du théâtre, à Olivier qui le retient*). J'entrerai, te dis-je.

OLIVIER.

Non, mon capitaine, respectez ma consigne ; et tenez, ne voyez-vous pas qu'on se dispose à vous répondre.

GUSTAVE.

Tu crois ? Ah ! je suis le plus heureux des hommes !

OLIVIER (*à sa femme*).

Il deviendra fou !

Mme OLIVIER.

Je t'ai pourtant vu comme cela,... avant notre mariage.
(*Olivier lui dit un mot à l'oreille, puis il place la harpe et le pupitre.*)

Mme OLIVIÈR (*présentant au chevalier un cahier de musique*).

M. le chevalier, voici précisément des variations char-
mantes que vous exécuterez à ravir. (*A Eveline.*) Olivier
les a composées dans une circonstance absolument semblable,
quand il me faisait la cour. M. Gustave doit les comprendre
à merveille.

EVELINE (*en se retournant, aperçoit Gustave au fond du
théâtre*).

QUINTETTO *.

Ciel ! mon cousin, quelle folie !

GUSTAVE (*à Olivier*).

Ah ! mon ami, qu'elle est jolie !

OLIVIER (*à Gustave*).

Soyez prudent, ne dites rien.

LE CHEVALIER (*son violon à la main*)

Vous excuserez, je vous prie,
Si je fais quelqu'étourderie.
Je suis si vif.

OLIVIER (*à Gustave*).

Ecoutez-bien.
Le chevalier prélude.

ÉVELINE (*à part*).

De crainte à peine je respire.

OLIVIÈR (*à Gustave*).

C'est vraiment à mourir de rire.

---

* Pendant le quintetto, les personnages sont placés de la manière suivante : Eveline occupe le milieu du théâtre en pinçant
de la harpe : elle a un chevalet à pied devant elle ; Spingler est
debout à gauche, il tourne souvent le dos à Eveline en regardant
sa musique placée sur un petit pupitre ; Gustave, pendant la première moitié du morceau, se cache derrière l'étui de la harpe ;
Olivier et sa femme changent de place à chaque instant, suivant
les exigences de la scène.

Ecoutez bien je vais traduire,
Ecoutez bien.

GUSTAVE.

J'écoute bien.

Mme OLIVIER (*faisant signe à Gustave*).

Ecoutez bien.

OLIVIER (*traduisant à voix basse pendant que le chevalier joue du violon*).

Mais regardez donc ma tournure,
Ecoutez un peu mes discours.
Regardez aussi ma figure
C'est plus qu'il n'en faut, je vous jure,
Pour effaroucher les amours.

Mme OLIVIER (*félicitant le chevalier*).

Ah ! mon dieu, comme c'est juste !

ENSEMBLE.

GUSTAVE, OLIVIER, ÉVELINE, Mme OLIVIER.	LE CHEVALIER.
Trompant en sa présence	Art divin ! quand j'y pense,
L'active surveillance	Quelle est ton éloquence !
D'un méchant ou d'un sot,	Sans prononcer un mot
Par l'accord le plus tendre,	Par mon jeu vif et tendre
Qu'il est doux de s'entendre	Je me suis fait entendre
Sans prononcer un mot.	Ou je ne suis qu'un sot.

LE CHEVALIER.

Allons, mademoiselle, achevons le duo.
Et jouez votre solo.

GUSTAVE (*à sa cousine*).

Eloigné de votre présence,
J'ai perdu jusqu'à l'espérance,
Loin de moi le bonheur a fui.
Consentez du moins à m'entendre,
Dans le jardin daignez vous rendre ;
Y viendrez-vous ?...

Eveline répond sur sa harpe.

OLIVIER.

Elle a dit oui.

ENSEMBLE.

<table>
<tr><td>GUSTAVE, OLIVIER, ÉVELINE,
Mme OLIVIER.</td><td>LE CHEVALIER.</td></tr>
<tr><td>Ah! malgré la présence,
Malgré la surveillance
D'un méchant ou d'un sot,
Par l'accord le plus tendre,
Il est doux de s'entendre
Sans prononcer un mot.</td><td>Art divin, quand j'y pense,
Quelle est ton éloquence,
Sans prononcer un mot
Par mon jeu vif et tendre
Je me suis fait entendre,
Ou je ne suis qu'un sot.</td></tr>
</table>

Mme OLIVIER, *qui pendant la fin du morceau a remonté le théâtre.*

(*A Gustave.*) Voici M. le baron, sauvez-vous!

OLIVIER.

Impossible! la retraite est coupée.

GUSTAVE.

Ce balcon n'est qu'à six pieds de terre.... Je l'aurai bien-tôt franchi. (*Il saute par la fenêtre.*)

OLIVIER (*à sa femme*).

C'est un diable!

Mme OLIVIER.

C'est un amoureux!

EVELINE (*qui a vu sauter Gustave*).

Ah ciel!

LE CHEVALIER (*à Eveline*).

Qu'avez-vous, mademoiselle?

EVELINE (*troublée.*)

Ce n'est rien, monsieur, l'émotion que m'a causée cette jolie musique....

LE CHEVALIER (*à part*).

J'ai produit, je le vois, une vive impression.

(*Olivier et sa femme sortent quand le baron entre.*)

SCÈNE XVI.

LE CHEVALIER, ÉVELINE, LE BARON.

LE BARON.

Ma foi, j'ai fait une démarche inutile. Sa Majesté, encore préoccupée de l'événement d'hier soir, n'accorde point d'audience aujourd'hui; mais elle saura l'empressement que j'ai mis à me présenter devant elle. L'officier de service auquel j'ai dit que j'étais descendu dans cet hôtel doit me faire prévenir quand notre auguste maître sera visible.

LE CHEVALIER.

Ah! mon cher baron, quel aimable entretien! Et qu'en peu de momens, j'ai fait de progrès dans le cœur de Mademoiselle, votre fille.

LE BARON (*au Chevalier.*)

Vous m'enchantez! (*à sa fille*). Eh bien! Éveline, t'avais-je trompée? Notre ami n'est-il pas aimable?

ÉVELINE.

Je ne puis trop reconnaître la complaisance de M. le Chevalier. Il a bien voulu....

LE CHEVALIER.

Seconder de mon faible talent sur le violon, le talent le plus parfait que j'aie encore entendu.

LE BARON.

Vous avez fait de la musique ensemble, c'est fort bien. (*Au Chevalier*). Oui, sans doute, Éveline est une virtuose, et pour lutter avec elle.....

LE CHEVALIER (*souriant.*)

Il faudrait être plus habile que je ne le suis; mais c'est la première fois que j'exécutais ce morceau difficile, et je n'en pouvais pas d'abord saisir toutes les finesses.

LE BARON.

Vous ne tarderez pas à les apprendre. Regardez ma maison comme la votre. J'espère bien qu'avant peu nos deux familles n'en feront qu'une. Tu m'entends, Éveline?

ÉVELINE.

Quoi, mon père, il serait vrai....

LE BARON.

Que je confie à mon ami Spingler le doux soin de te rendre heureuse.

ÉVELINE (*tendrement à son père.*)

Vous vous en acquittiez si bien !

LE CHEVALIER (*à Éveline.*)

Ah! Mademoiselle, daignez confirmer une si charmante promesse.

SCÈNE XVII.

LES MÊMES, **OLIVIER**, suivi d'un maréchal-des-logis.

OLIVIER.

Une ordonnance de Sa Majesté demande à parler à **M.** le Baron.

LE BARON, LE CHEVALIER, ÉVELINE.

De Sa Majesté !

(*Le maréchal-des-logis remet la lettre au Baron et sort, ainsi qu'Olivier.*)

LE BARON (*lisant.*)

« Baron de Valben, **vous avez une fille : je la marie;**
» demain elle sera la femme d'un gentilhomme digne de
» toute mon estime et de toute ma faveur. Nous avons
» voulu vous annoncer nous-même cette marque particu-
» lière de notre royale bienveillance ; vous pourrez nous en
» remercier ce soir en notre palais.

» Frédéric-Guillaume. »

ÉVELINE (*à part.*)

Et le Roi aussi qui s'en mêle ! Vous verrez que tout le monde, excepté moi, disposera de ma main !

LE BARON (*au Chevalier.*)

Ah ! quel honneur, mon ami ! Je crois que j'en perdrai la tête.

LE CHEVALIER.

Et moi, ma femme. Frédéric-Guillaume veut qu'on lui obéisse ; mais j'y pense. Un homme honoré de toute son estime et de toute sa faveur..... Ce ne peut être que moi ; hier encore il me disait avec une familiarité charmante : « La première partie que tu me gagnes, je te fais sauter par les fenêtres ». On ne peut pas mieux être dans ses bonnes grâces. Baron, Mademoiselle, permettez-moi de courir au palais, éclaircir un mystère qui va me rendre le plus malheureux ou le plus fortuné des hommes.　　　　(*Il sort.*)

LE BARON (*le regardant sortir.*)

Ce pauvre Chevalier ! Mais je ne reviens pas de mon étonnement, que le Roi ait daigné s'occuper lui-même.......

SCÈNE XVIII.

LES MÊMES, Mme OLIVIER.

Mme OLIVIER.

Ah ! quelle heureuse nouvelle ! Celui qui a sauvé la vie du prince royal est enfin connu ! Sa Majesté vient de le recevoir dans son palais. Les officiers des régimens de la garde le reconduisent en triomphe à l'hôtel qu'il habite. La place est couverte de militaires.

LE BARON.

C'est pour cela que le Roi n'a pas pu me donner audience.

ÉVELINE.

Dit-on que ce soit un jeune homme, Madame Olivier ?

Mme OLIVIER.

Je n'ai pas pu distinguer de si loin. (*Elle regarde par la fenêtre.*)

FINAL.

Mme OLIVIER.

Il faut voir sur ses pas la foule se presser,

ÉVELINE.

Malgré moi mon cœur s'intéresse
Au défenseur de son altesse !

LE BARON.

A ce balcon, nous pouvons nous placer

Mme OLIVIER.

N'entendez-vous pas les trompettes
Les fifres et les clarinettes ?
La joie est générale ?... Eh ! mais est-ce une erreur ?
C'est devant ma maison que la foule s'arrête.
Si c'était... j'en perdrai la tête !

OLIVIER (*entrant*).

Le colonel Gustave.

ÉVELINE ET Mme OLIVIER.

Ah ! quel bonheur !

LE BARON.

Ah ! quel honneur !

SCÈNE XIX.

LES MÊMES, GUSTAVE, OLIVIER, Officiers des divers régimens.

CHŒUR DES OFFICIERS.

Vive, vive Gustave !
Tout sourit à ses vœux,
Et bientôt le plus brave
Sera le plus heureux.

ÉVELINE.

Que vois-je, mon cousin !

LE BARON.

Gustave !

OLIVIER.

C'est lui-même.

GUSTAVE (*au baron*).

Qui, plein d'espoir, vient d'un oncle qu'il aime,
Solliciter un généreux pardon.

ÉVELINE.

O surprise, ô bonheur extrême!

Mme OLIVIER.

O surprise, ô plaisir extrême,

GUSTAVE (*à Eveline*).

Chère Eveline !

LE BARON (*à Gustave*).

Enfin de notre nom
Tu soutiens donc la gloire héréditaire.
C'est ta vaillante main, dont l'utile secours,
De l'héritier royal a préservé les jours.

GUSTAVE.

J'ai fait ce qu'à ma place on vous aurait vu faire.

ÉVELINE (*à Mme Olivier*).

O ciel ! il est blessé !

Mme OLIVIER.

Sa blessure est légère.

LE BARON (*à Gustave*).

Je le sais, tu te dérobais
A sa juste reconnaissance.
Qui t'a forcé à rompre le silence ?

GUSTAVE.

De cet hôtel je m'éloignais,
Vous m'aviez ordonné de fuir votre présence ;
Je passais devant le palais
Quand tout-à-coup à sa fenêtre
Le prince qui vient à paraître,
S'écrie : Oui, je le reconnais ;
Qu'on l'arrête : voilà ses traits !
A cet ordre il fallut se rendre.
Mais de mon zèle, ah! que le prix est doux !

LE BARON.

Te voilà colonel ?

GUSTAVE.

Et bientôt votre gendre.
Mon bonheur, aujourd'hui, ne dépend que de vous.

De sa main le monarque a daigné vous l'apprendre.

LE BARON.

Il est vrai; mais qu'en dit Eveline?

ÉVELINE.

Je crois

Qu'on ne résiste pas aux volontés du roi.

CHOEUR.

Vive, vive Gustave!
Tout sourit à ses vœux,
Et bientôt le plus brave
Sera le plus heureux.

SCÈNE XX ET DERNIÈRE.

LES MÊMES, **LE CHEVALIER SPINGLER.**

LE CHEVALIER.

Notre maître a parlé, baron, et je m'empresse
De vous rendre votre promesse.

(*à Gustave.*)

Pour votre noble dévouement,
Jeune homme, recevez ici mon compliment.

Mme OLIVIER (*à son mari*).

Il le déteste, il le carresse.
Quel homme!...

OLIVIER (*bas à sa femme*).

C'est un chambellan.

CHOEUR.

Vive, vive Gustave!
Tout sourit à ses vœux,
Et bientôt le plus brave
Sera le plus heureux.

FIN.

Imp. de Ch. Dezauche, faub. Montmartre, n. 11.